# The Little Mouse And The Big Heart: And Other Bilingual Danish-English Stories for Kids

Pomme Bilingual

Published by Pomme Bilingual, 2024.

While every precaution has been taken in the preparation of this book, the publisher assumes no responsibility for errors or omissions, or for damages resulting from the use of the information contained herein.

THE LITTLE MOUSE AND THE BIG HEART: AND OTHER BILINGUAL DANISH-ENGLISH STORIES FOR KIDS

**First edition. July 22, 2024.**

Copyright © 2024 Pomme Bilingual.

ISBN: 979-8227492852

Written by Pomme Bilingual.

# Table of Contents

# Ræven, der Lærte at Drømme

I en dyb, magisk skov levede en lille ræv ved navn Felix. Felix var ikke som de andre ræve. Han var født med en pels, der skiftede farve med årstiderne, og han havde en evne til at se skønhed i de mindste ting. Han elskede at drømme store drømme, men følte sig ofte ensom, fordi de andre dyr i skoven ikke forstod ham.

En dag, mens Felix gik gennem skoven, mødte han en gammel ugle ved navn Ursula. Ursula havde set mange ting i sit lange liv og kendte til mange hemmeligheder i skoven. Felix, som var meget nysgerrig, spurgte Ursula, hvordan han kunne finde nogen, der ville forstå hans drømme.

Ursula så venligt på Felix med sine vise, gyldne øjne og sagde, "Felix, du behøver ikke lede efter nogen, der forstår dig. Du skal blot lære at dele dine drømme på en måde, som andre kan føle og se. Start med at tro på dig selv og din unikke gave."

Felix blev tænksom og besluttede at følge Ursulas råd. Han begyndte at tegne billeder af sine drømme i skovens jord og på træernes bark. Hans tegninger var fyldt med farver og magi, og snart begyndte andre dyr at komme for at se dem. De blev fascineret af Felix' visioner og begyndte at stille spørgsmål.

"Fortæl os mere om dine drømme, Felix," sagde en lille hare. "Vi vil gerne vide, hvordan verden ser ud gennem dine øjne."

Felix blev begejstret og begyndte at fortælle historier om fantastiske steder og vidunderlige væsner. Han talte om skove lavet af krystaller, søer, der skinnede som stjerner, og bjerge, der rørte ved himlen. Dyrene lyttede betaget og begyndte at forstå, at Felix' drømme var en dør til en verden fuld af skønhed og muligheder.

Som tiden gik, blev Felix' drømme kendt i hele skoven. Dyrene begyndte at se verden gennem hans øjne og lærte at drømme deres egne drømme. De opdagede, at skoven var et magisk sted fyldt med undere, som de aldrig havde lagt mærke til før.

Felix var ikke længere ensom. Han havde fundet sin plads i skoven og en måde at dele sin gave med andre på. Han lærte, at drømme er en kraftfuld måde at forbinde med andre på, og at når man deler sine drømme, kan man ændre verden.

Sådan blev den lille ræv Felix kendt som skovens drømmer, og hans historier fortsatte med at inspirere dyrene til at se skønheden i deres omgivelser og tro på deres egne drømme.

# The Fox Who Learned to Dream

In a deep, magical forest lived a little fox named Felix. Felix was not like the other foxes. He was born with fur that changed color with the seasons, and he had a unique ability to see beauty in the smallest things. He loved dreaming big dreams but often felt lonely because the other animals in the forest didn't understand him.

One day, as Felix was walking through the forest, he met an old owl named Ursula. Ursula had seen many things in her long life and knew many of the forest's secrets. Felix, being very curious, asked Ursula how he could find someone who would understand his dreams.

Ursula looked kindly at Felix with her wise, golden eyes and said, "Felix, you don't need to find someone who understands you. You just need to learn to share your dreams in a way that others can feel and see. Start by believing in yourself and your unique gift."

Felix became thoughtful and decided to follow Ursula's advice. He began drawing pictures of his dreams in the forest's dirt and on the trees' bark. His drawings were filled with colors and magic, and soon other animals started coming to see them. They were fascinated by Felix's visions and began asking questions.

"Tell us more about your dreams, Felix," said a small hare. "We want to know how the world looks through your eyes."

Felix was excited and began telling stories of fantastic places and wonderful creatures. He spoke of forests made of crystals, lakes that shone like stars, and mountains that touched the sky. The animals listened captivated and began to understand that Felix's dreams were a doorway to a world full of beauty and possibilities.

As time passed, Felix's dreams became known throughout the forest. The animals began to see the world through his eyes and learned to dream their own dreams. They discovered that the forest was a magical place filled with wonders they had never noticed before.

Felix was no longer lonely. He had found his place in the forest and a way to share his gift with others. He learned that dreams are a powerful way to connect with others and that by sharing your dreams, you can change the world.

Thus, the little fox Felix became known as the dreamer of the forest, and his stories continued to inspire the animals to see the beauty in their surroundings and believe in their own dreams.

# Jakob og Hemmeligheden til Lykke

I en lille by, omgivet af frodige enge og stille floder, boede der en dreng ved navn Jakob. Jakob var en nysgerrig og venlig sjæl, altid klar til at hjælpe andre og altid på udkig efter nye eventyr. Men på det seneste havde han følt en underlig tomhed. Selvom han havde mange venner og en kærlig familie, følte han, at noget manglede. Han spekulerede på, hvad det virkelig betød at være lykkelig.

En solrig morgen besluttede Jakob at tage på en rejse for at finde svaret. Han pakkede en lille rygsæk med mad og vand og gik mod skoven, hvor han havde hørt, at en gammel vis mand boede. Det siges, at denne mand kendte til hemmelighederne om livet og kunne hjælpe dem, der søgte svar.

Efter flere timers vandring gennem skovens snoede stier, nåede Jakob endelig frem til en lille, hyggelig hytte. Foran hytten sad en gammel mand med et langt, hvidt skæg og venlige øjne, der gnistrede som stjerner. Jakob nærmede sig forsigtigt og hilste på manden.

"Goddag, herre. Mit navn er Jakob. Jeg er på jagt efter hemmeligheden til lykke. Kan du hjælpe mig?" spurgte han.

Den gamle mand smilede mildt og nikkede. "Kom ind, Jakob. Lad os tale."

Inde i hytten var der varmt og hyggeligt. De satte sig ved et lille bord, og den gamle mand bød Jakob en kop urtete. "Lykke," begyndte han, "er ikke noget, du kan finde ved at lede udenfor. Lykke bor inde i dit hjerte. Men lad mig fortælle dig en historie, der måske vil hjælpe dig med at forstå."

Og så begyndte den gamle mand at fortælle.

For længe siden, i en landsby ikke langt herfra, boede en pige ved navn Ella. Ella havde altid været en glad pige, men hun troede, at hun ville blive endnu lykkeligere, hvis hun kunne finde den mest strålende juvel i verden. Hun besluttede sig for at søge efter denne juvel, og hendes rejse førte hende gennem bjerge og dale, gennem skove og over floder.

På sin rejse mødte Ella mange forskellige mennesker og væsner. Hun hjalp en gammel kvinde med at bære hendes tunge kurv, og til gengæld gav kvinden hende en lille, lysende sten. "Denne sten," sagde kvinden, "er en del af den juvel, du søger. Den vil vise dig vejen."

Ella fortsatte sin rejse og samlede flere små sten, hver gang hun hjalp nogen. Hun byggede broer over floder, plantede træer i skove og fortalte historier, der opmuntrede dem, hun mødte. Til sidst, efter mange måneder, havde hun samlet nok sten til at skabe en juvel, der glitrede mere end noget, hun nogensinde havde set.

Da hun vendte hjem til sin landsby med den strålende juvel, indså hun, at det ikke var selve juvelen, der gjorde hende lykkelig, men rejsen og de mennesker, hun havde hjulpet undervejs. Hun lærte, at ægte lykke kommer fra de venlige handlinger og forbindelser, vi skaber med andre.

Den gamle mand så på Jakob med sine venlige øjne. "Forstår du nu, Jakob? Lykke er ikke en destination, men en rejse. Det handler om de øjeblikke, hvor vi viser venlighed, hjælper andre og finder glæde i de små ting."

Jakob nikkede eftertænksomt. "Så jeg behøver ikke at lede længere. Jeg skal bare begynde at være mere opmærksom på de små glæder i livet og hjælpe dem omkring mig."

Den gamle mand smilede og klappede Jakob på skulderen. "Præcis, min dreng. Gå nu ud og del din glæde med verden."

Jakob rejste sig og takkede den gamle mand. På vej tilbage gennem skoven følte han sig lettere og mere håbefuld. Han begyndte at bemærke skønheden i sollyset, der skinnede gennem træerne, og fuglenes sang, der fyldte luften.

Da han kom tilbage til sin by, begyndte Jakob straks at handle på den visdom, han havde fået. Han hjalp en lille pige med at finde sin tabte kat, plantede blomster i byens park og besøgte ældre mennesker, der boede alene. Han fandt stor glæde i at se andres smil og høre deres taknemmelige ord.

Dagene gik, og Jakob blev kendt som byens hjælper. Folk kom til ham med deres problemer og bekymringer, og Jakob lyttede altid og hjalp, hvor han kunne. Han opdagede, at jo mere han gav, desto mere lykkelig følte han sig.

En aften, mens Jakob sad ved floden og så solen gå ned, indså han, at han havde fundet det, han ledte efter. Han følte en dyb indre fred og glæde, som han aldrig havde kendt før. Han forstod nu, at lykke var at finde i de små, men betydningsfulde handlinger af venlighed og kærlighed.

Jakob smilede for sig selv og tænkte på den gamle mand i skoven. Han vidste, at han aldrig ville glemme den visdom, han havde lært, og han besluttede at dele denne hemmelighed med alle, han mødte.

Sådan blev Jakob kendt som byens glade hjerte, en dreng, der fandt lykken i at gøre godt for andre. Hans historie spredte sig, og folk fra nær og fjern kom for at lære om hemmeligheden til lykke. Og Jakob delte altid med et smil: "Lykke er en rejse, ikke en destination. Find glæde i de små ting, og hjælp dem omkring dig."

# Jakob and the Secret to Happiness

In a small town surrounded by lush meadows and quiet rivers lived a boy named Jakob. Jakob was a curious and kind soul, always ready to help others and always looking for new adventures. But lately, he had felt a strange emptiness. Although he had many friends and a loving family, he felt that something was missing. He wondered what it really meant to be happy.

One sunny morning, Jakob decided to go on a journey to find the answer. He packed a small backpack with food and water and set off towards the forest, where he had heard an old wise man lived. It was said that this man knew the secrets of life and could help those seeking answers.

After hours of walking through the forest's winding paths, Jakob finally arrived at a small, cozy cottage. In front of the cottage sat an old man with a long white beard and kind eyes that twinkled like stars. Jakob approached cautiously and greeted the man.

"Good day, sir. My name is Jakob. I am searching for the secret to happiness. Can you help me?" he asked.

The old man smiled gently and nodded. "Come in, Jakob. Let us talk."

Inside the cottage, it was warm and cozy. They sat at a small table, and the old man offered Jakob a cup of herbal tea. "Happiness," he began, "is not something you find by searching outside. Happiness lives in your heart. But let me tell you a story that might help you understand."

And so, the old man began to tell.

Long ago, in a village not far from here, lived a girl named Ella. Ella had always been a happy girl, but she believed she would be even happier if she could find the most radiant jewel in the world. She decided to search for this jewel, and her journey took her through mountains and valleys, through forests and over rivers.

On her journey, Ella met many different people and creatures. She helped an old woman carry her heavy basket, and in return, the woman gave her a small, glowing stone. "This stone," said the woman, "is a part of the jewel you seek. It will show you the way."

Ella continued her journey, collecting more small stones each time she helped someone. She built bridges over rivers, planted trees in forests, and told stories that encouraged those she met. Finally, after many months, she had gathered enough stones to create a jewel that glittered more than anything she had ever seen.

When she returned home to her village with the radiant jewel, she realized that it wasn't the jewel itself that made her happy, but the journey and the people she had helped along the way. She learned that true happiness comes from the kind actions and connections we create with others.

The old man looked at Jakob with his kind eyes. "Do you understand now, Jakob? Happiness is not a destination, but a journey. It is about the moments when we show kindness, help others, and find joy in the small things."

Jakob nodded thoughtfully. "So, I don't need to search anymore. I just need to start paying more attention to the small joys in life and help those around me."

The old man smiled and patted Jakob on the shoulder. "Exactly, my boy. Now go out and share your joy with the world."

Jakob stood up and thanked the old man. On his way back through the forest, he felt lighter and more hopeful. He began to notice the beauty in the sunlight shining through the trees and the birds' songs filling the air.

When he returned to his town, Jakob immediately began to act on the wisdom he had gained. He helped a little girl find her lost cat, planted flowers in the town's park, and visited elderly people who lived alone. He found great joy in seeing others smile and hearing their grateful words.

Days passed, and Jakob became known as the town's helper. People came to him with their problems and worries, and Jakob always listened and helped where he could. He discovered that the more he gave, the happier he felt.

One evening, as Jakob sat by the river watching the sunset, he realized he had found what he was looking for. He felt a deep inner peace and joy he had never known before. He now understood that happiness was found in the small but meaningful acts of kindness and love.

Jakob smiled to himself and thought of the old man in the forest. He knew he would never forget the wisdom he had learned, and he decided to share this secret with everyone he met.

Thus, Jakob became known as the town's happy heart, a boy who found happiness in doing good for others. His story spread, and people from near and far came to learn about the secret to happiness. And Jakob always shared with a smile: "Happiness is a journey, not a destination. Find joy in the small things, and help those around you."

# Delfinen Davi og Hvalen Hektor

I det dybe, blå hav levede en lille delfin ved navn Davi. Davi var en eventyrlysten delfin med en stor nysgerrighed og en endnu større drøm: at udforske alle havets hemmeligheder. Hans bedste ven var en stor, venlig hval ved navn Hektor. Hektor var meget ældre og visere end Davi, og han elskede at fortælle historier om de steder, han havde besøgt i sine mange år på havet.

En dag, mens Davi og Hektor svømmede gennem det klare vand, stødte de på en mærkelig og farlig forhindring. En stor fiskenet var fanget mellem klipperne, og flere små fisk sad fast i det. Davi og Hektor vidste, at de måtte hjælpe, men de måtte også være forsigtige, for nettene var skarpe og kunne skade dem.

"Vi må finde en måde at frigøre dem på uden at skade os selv," sagde Hektor med sin dybe, rolige stemme.

Davi tænkte hurtigt. "Jeg er lille og smidig, måske kan jeg svømme ind og løsne nettene fra indersiden," foreslog han.

Hektor nikkede. "Men vær forsigtig, Davi. Jeg vil holde øje og hjælpe, hvis du får brug for det."

Davi svømmede forsigtigt tættere på nettet og begyndte at undersøge, hvordan han bedst kunne hjælpe fiskene. Med sine små, smidige bevægelser begyndte han langsomt at løsne nettet. Fiskene, der sad fast, kiggede håbefuldt på ham.

Pludselig strammede nettet sig, og Davi sad fast. Han kunne ikke bevæge sig, og panikken begyndte at sprede sig i hans lille krop. "Hektor! Jeg sidder fast!" råbte han.

Hektor svømmede hurtigt hen til Davi. "Rolig, Davi. Jeg er her," sagde han beroligende. Med sin store krop og stærke hale begyndte Hektor forsigtigt at trække nettet fra hinanden. Med et par kraftige slag lykkedes det ham at bryde nettet op, og Davi var fri igen.

"Tak, Hektor," sagde Davi og svømmede tættere på sin ven. "Jeg var virkelig bange."

Hektor smilede varmt. "Det er helt i orden at være bange, Davi. Mod handler ikke om aldrig at være bange, men om at handle, selvom man er det."

Sammen arbejdede Davi og Hektor på at frigøre de resterende fisk. De små fisk svømmede hurtigt væk, taknemmelige for deres hjælp. Davi og Hektor følte en dyb tilfredsstillelse over at have gjort en forskel.

Da de svømmede videre, tænkte Davi over, hvad han havde lært. "Hektor, jeg har altid troet, at mod var at være frygtløs. Men nu forstår jeg, at det handler om at stå over for sine frygt og stadig handle for at gøre det rigtige."

Hektor nikkede. "Det er rigtigt, Davi. Og husk, vi er aldrig alene. Vi har altid vores venner til at hjælpe os og støtte os, når vi har brug for det."

Fra den dag af blev Davi og Hektor kendt som havets beskyttere. De hjalp andre havdyr i nød og delte deres historier om mod og venskab med alle, de mødte. Deres eventyr inspirerede andre til at være modige og venlige, uanset hvor små eller store de var.

Davi og Hektor fortsatte deres rejse gennem havet, altid på udkig efter nye eventyr og måder at gøre havet til et bedre sted for alle. Og de vidste, at så længe de havde hinanden, kunne de overvinde enhver forhindring.

# Davi the Dolphin and Hector the Whale

In the deep, blue sea lived a little dolphin named Davi. Davi was an adventurous dolphin with great curiosity and an even greater dream: to explore all the ocean's secrets. His best friend was a big, friendly whale named Hector. Hector was much older and wiser than Davi, and he loved to tell stories about the places he had visited in his many years at sea.

One day, while Davi and Hector were swimming through the clear waters, they encountered a strange and dangerous obstacle. A large fishing net was caught between the rocks, and several small fish were trapped in it. Davi and Hector knew they had to help, but they also had to be careful, as the nets were sharp and could hurt them.

"We must find a way to free them without hurting ourselves," said Hector in his deep, calm voice.

Davi thought quickly. "I am small and agile; maybe I can swim in and loosen the nets from the inside," he suggested.

Hector nodded. "But be careful, Davi. I will keep an eye out and help if you need it."

Davi cautiously swam closer to the net and began to examine how he could best help the fish. With his small, nimble movements, he slowly started to loosen the net. The trapped fish looked at him hopefully.

Suddenly, the net tightened, and Davi got stuck. He couldn't move, and panic began to spread through his small body. "Hector! I'm stuck!" he shouted.

Hector quickly swam to Davi. "Calm down, Davi. I'm here," he said soothingly. With his large body and strong tail, Hector began to gently pull the net apart. With a few powerful strokes, he managed to break the net, and Davi was free again.

"Thank you, Hector," said Davi, swimming closer to his friend. "I was really scared."

Hector smiled warmly. "It's okay to be scared, Davi. Courage is not about never being afraid, but about acting even though you are."

Together, Davi and Hector worked to free the remaining fish. The small fish quickly swam away, grateful for their help. Davi and Hector felt a deep satisfaction in having made a difference.

As they swam on, Davi thought about what he had learned. "Hector, I always thought courage was about being fearless. But now I understand it's about facing your fears and still acting to do the right thing."

Hector nodded. "That's right, Davi. And remember, we are never alone. We always have our friends to help and support us when we need it."

From that day on, Davi and Hector became known as the protectors of the sea. They helped other sea creatures in need and shared their stories of courage and friendship with everyone they met. Their adventures inspired others to be brave and kind, no matter how small or large they were.

Davi and Hector continued their journey through the sea, always looking for new adventures and ways to make the ocean a better place for everyone. And they knew that as long as they had each other, they could overcome any obstacle.

# Musen Milo

I en lille skov ved kanten af en stor eng boede en mus ved navn Milo. Milo var en lille, grå mus med store øjne og en endnu større nysgerrighed. Han elskede at udforske skoven og opdage nye ting, men han havde også en hemmelig drøm: at se den store verden udenfor skoven.

En dag, mens Milo gik gennem skovbunden, hørte han en svag lyd af gråd. Han fulgte lyden og fandt en lille fugl, der sad fast i en busk med tornede grene. Milo nærmede sig forsigtigt og spurgte: "Hvad er der galt?"

"Jeg er fanget, og jeg kan ikke komme fri," svarede fuglen med tårer i øjnene. "Jeg hedder Fia, og jeg har brug for hjælp."

Milo kiggede på de skarpe torne og tænkte sig om. Han vidste, at han kunne blive såret, men han kunne ikke lade være med at hjælpe en ven i nød. "Bare rolig, Fia. Jeg skal nok hjælpe dig."

Med forsigtige bevægelser begyndte Milo at gnave på grenene og trække tornerne væk fra Fia. Det var hårdt arbejde, men efter nogen tid var Fia fri. Hun strakte sine vinger ud og fløj op i luften med glæde.

"Tak, Milo! Du reddede mig!" sagde Fia og landede igen ved siden af Milo. "Hvordan kan jeg nogensinde takke dig?"

Milo smilede beskedent. "Det er det, venner gør. Vi hjælper hinanden."

Fra den dag af blev Fia og Milo bedste venner. Fia fortalte Milo om den store verden udenfor skoven, og Milo lyttede med store øjne og bankende hjerte. Han drømte endnu mere om at opleve de steder, som Fia beskrev: høje bjerge, vidtstrakte enge og store byer.

En dag besluttede Fia at tage Milo med på et eventyr. "Kom, Milo. Jeg vil vise dig noget utroligt," sagde hun og fløj foran Milo, mens han løb efter hende.

De rejste gennem skoven og kom til kanten af en stor, åben eng. Milo stoppede op og kiggede ud over det vidtstrakte landskab. Det var som om, hans drømme blev til virkelighed lige foran hans øjne.

"Milo, du har altid drømt om at se verden udenfor skoven. Nu har du chancen," sagde Fia og opfordrede ham til at tage det første skridt.

Milo tøvede et øjeblik, men så huskede han, hvordan han havde hjulpet Fia og overvundet sin frygt. Med et dybt åndedrag tog han det første skridt ud på engen.

Sammen rejste de gennem enge og marker, og Milo så ting, han kun havde turdet drømme om. De mødte nye venner undervejs, som lærte dem nye ting og delte deres historier. Milo opdagede, at verden var fuld af skønhed og venlighed, men også udfordringer, der krævede mod.

En dag stødte de på en stor flod, som de skulle krydse for at fortsætte deres rejse. Vandet strømmede hurtigt, og Milo følte en knude af frygt i maven. "Hvordan skal vi komme over?" spurgte han.

Fia kiggede på floden og sagde: "Vi kan finde en måde sammen. Lad os tænke over det."

Efter at have spejdet efter en løsning, fandt de en gammel træstamme, der lå halvt nedsænket i vandet. "Vi kan bruge denne som en bro," sagde Fia opmuntrende.

Med Fias hjælp balancerede Milo forsigtigt over træstammen. Det var skræmmende, men han stolede på sin ven og sit eget mod. Da de endelig nåede den anden side, følte Milo en bølge af stolthed skylle over sig.

"Vi gjorde det!" råbte Milo glad. "Vi kan klare alt sammen, Fia."

Fia smilede og nikkede. "Ja, Milo. Vi kan klare alt, så længe vi har hinanden."

Efter mange uger på eventyr, besluttede Milo og Fia at vende tilbage til skoven. De havde set og oplevet så meget, men de vidste også, at der var mere at opdage i deres egen baghave.

Da de kom tilbage til skoven, blev de mødt af deres venner, der havde savnet dem. Milo fortalte historier om deres rejser, og alle lyttede med store øjne og åbne hjerter. Han fortalte om mod, venskab og de utrolige ting, de havde set.

Milo indså, at hans drømme ikke kun handlede om at se verden, men også om at dele oplevelserne med sine venner. Han var blevet stærkere og modigere, og han vidste, at han altid kunne regne med Fia og sine venner.

Og så levede Milo og Fia lykkeligt videre i skoven, altid klar til nye eventyr og nye måder at hjælpe andre på.

# Milo the Mouse

In a small forest at the edge of a large meadow lived a mouse named Milo. Milo was a little gray mouse with big eyes and an even bigger curiosity. He loved exploring the forest and discovering new things, but he also had a secret dream: to see the big world outside the forest.

One day, while Milo was walking through the forest floor, he heard a faint sound of crying. He followed the sound and found a small bird trapped in a bush with thorny branches. Milo approached carefully and asked, "What's wrong?"

"I'm stuck, and I can't get free," the bird replied with tears in her eyes. "My name is Fia, and I need help."

Milo looked at the sharp thorns and thought. He knew he could get hurt, but he couldn't leave a friend in need. "Don't worry, Fia. I'll help you."

With careful movements, Milo began to gnaw at the branches and pull the thorns away from Fia. It was hard work, but after some time, Fia was free. She stretched her wings and flew up into the air with joy.

"Thank you, Milo! You saved me!" said Fia and landed next to Milo again. "How can I ever thank you?"

Milo smiled modestly. "That's what friends do. We help each other."

From that day on, Fia and Milo became best friends. Fia told Milo about the big world outside the forest, and Milo listened with wide eyes and a pounding heart. He dreamed even more of experiencing the places Fia described: tall mountains, vast meadows, and big cities.

One day, Fia decided to take Milo on an adventure. "Come, Milo. I want to show you something amazing," she said and flew ahead of Milo as he ran after her.

They traveled through the forest and reached the edge of a large, open meadow. Milo stopped and looked out over the vast landscape. It was as if his dreams were coming true right before his eyes.

"Milo, you've always dreamed of seeing the world outside the forest. Now you have the chance," said Fia, encouraging him to take the first step.

Milo hesitated for a moment, but then he remembered how he had helped Fia and overcome his fear. With a deep breath, he took the first step out onto the meadow.

Together, they traveled through meadows and fields, and Milo saw things he had only dared to dream of. They met new friends along the way who taught them new things and shared their stories. Milo discovered that the world was full of beauty and kindness, but also challenges that required courage.

One day, they came across a large river they needed to cross to continue their journey. The water flowed quickly, and Milo felt a knot of fear in his stomach. "How will we get across?" he asked.

Fia looked at the river and said, "We can find a way together. Let's think about it."

After scouting for a solution, they found an old log partially submerged in the water. "We can use this as a bridge," Fia said encouragingly.

With Fia's help, Milo carefully balanced across the log. It was scary, but he trusted his friend and his own courage. When they finally reached the other side, Milo felt a wave of pride wash over him.

"We did it!" Milo shouted happily. "We can handle anything together, Fia."

Fia smiled and nodded. "Yes, Milo. We can handle anything as long as we have each other."

After many weeks of adventure, Milo and Fia decided to return to the forest. They had seen and experienced so much, but they also knew there was more to discover in their own backyard.

When they returned to the forest, they were greeted by their friends who had missed them. Milo told stories of their travels, and everyone listened with wide eyes and open hearts. He spoke of courage, friendship, and the incredible things they had seen.

Milo realized that his dreams were not just about seeing the world but also about sharing the experiences with his friends. He had become stronger and braver, and he knew he could always count on Fia and his friends.

And so, Milo and Fia lived happily in the forest, always ready for new adventures and new ways to help others.

# Lykke i Skovbunden

I en frodig og grøn skov boede en lille kanin ved navn Luna. Luna var en nysgerrig og eventyrlysten kanin, der altid søgte efter nye ting at opdage og lære. Hun havde mange venner i skoven, men hendes allerbedste ven var en gammel skildpadde ved navn Tim.

En tidlig morgen, mens solen lige begyndte at stråle gennem trætoppene, hoppede Luna glad ud af sin hule. Hun havde en følelse af, at det ville blive en særlig dag. På sin vej gennem skovbunden fandt hun Tim, der langsomt bevægede sig hen imod sin yndlingssten ved åen.

"Hej, Tim!" kaldte Luna muntert. "Er du klar til et nyt eventyr i dag?"

Tim smilede langsomt og nikkede. "Hej, Luna. Jeg tror, at hvert nyt eventyr bringer os en lille smule lykke, så lad os se, hvad dagen bringer."

Luna og Tim begav sig ud på deres rejse gennem skoven, hvor de mødte deres venner og oplevede naturens skønhed. De så sommerfugle danse i luften og hørte fuglene synge deres glade melodier. Mens de gik, talte de om, hvad lykke betød for dem.

"Hvad gør dig lykkelig, Luna?" spurgte Tim eftertænksomt.

Luna tænkte sig om et øjeblik. "Jeg tror, det er de små ting," sagde hun. "Som at se en smuk blomst, høre en vidunderlig sang eller bare være sammen med mine venner."

Tim nikkede langsomt. "Jeg tror, du har ret, Luna. Lykke findes i de små øjeblikke, vi deler med dem, vi holder af."

Mens de fortsatte deres vandring, fandt de en lille mus ved navn Milo, der så meget trist ud. Luna og Tim stoppede op for at spørge, hvad der var galt.

"Hej, Milo," sagde Luna blidt. "Hvorfor ser du så trist ud?"

Milo sukkede og kiggede op på sine venner. "Jeg har mistet min yndlingsnød. Den faldt i åen, og nu kan jeg ikke finde den."

Luna tænkte hurtigt. "Måske kan vi hjælpe dig med at finde den. Kom, lad os gå til åen og se, om vi kan finde din nød."

Sammen gik de til åen og begyndte at lede. Efter noget tid fandt Tim nødden fastklemt mellem nogle sten. Milo hoppede af glæde.

"Tak, Luna og Tim! I har gjort mig så glad!" udbrød Milo.

Luna smilede og kiggede på Tim. "Ser du, Tim? At hjælpe andre gør også os selv glade."

Tim nikkede. "Ja, lykken vokser, når vi deler den med andre."

Efter at have hjulpet Milo, fortsatte de deres rejse og fandt en lysning i skoven, hvor solen skinnede klart. Der besluttede de at holde en lille fest med deres venner. De samlede bær og nødder og lavede en stor skovpicnic.

Deres venner – rådyret Runa, egernet Sille og fuglen Pip – sluttede sig til dem, og de alle sammen delte mad og historier. Latteren fyldte lysningen, og alle følte en dyb glæde ved at være sammen.

Tim, som altid var eftertænksom, sagde: "Lykke er ikke noget, vi kan holde fast i alene. Det er noget, der vokser, når vi deler det med vores venner og dem, vi elsker."

Luna nikkede enig. "Og nogle gange er det de mindste handlinger, som at finde en nød eller dele et måltid, der bringer den største lykke."

Da solen begyndte at gå ned, og skovbunden blev dækket af bløde skygger, følte Luna sig fyldt med en varme, som kun rigtige venskaber kan bringe. Hun kiggede rundt på sine venner og indså, at lykke virkelig fandtes i de enkle, men dyrebare øjeblikke, de delte sammen.

# Happiness in the Forest

In a lush and green forest lived a little rabbit named Luna. Luna was a curious and adventurous rabbit, always seeking new things to discover and learn. She had many friends in the forest, but her very best friend was an old turtle named Tim.

One early morning, as the sun began to shine through the treetops, Luna happily hopped out of her burrow. She had a feeling that it would be a special day. On her way through the forest floor, she found Tim slowly making his way towards his favorite rock by the stream.

"Hi, Tim!" Luna called cheerfully. "Are you ready for a new adventure today?"

Tim smiled slowly and nodded. "Hello, Luna. I believe that each new adventure brings us a little bit of happiness, so let's see what the day brings."

Luna and Tim set out on their journey through the forest, meeting their friends and experiencing the beauty of nature. They saw butterflies dancing in the air and heard birds singing their happy melodies. As they walked, they talked about what happiness meant to them.

"What makes you happy, Luna?" Tim asked thoughtfully.

Luna thought for a moment. "I think it's the little things," she said. "Like seeing a beautiful flower, hearing a wonderful song, or just being with my friends."

Tim nodded slowly. "I think you're right, Luna. Happiness is found in the small moments we share with those we care about."

As they continued their walk, they found a little mouse named Milo, who looked very sad. Luna and Tim stopped to ask what was wrong.

"Hi, Milo," Luna said gently. "Why do you look so sad?"

Milo sighed and looked up at his friends. "I've lost my favorite nut. It fell into the stream, and now I can't find it."

Luna thought quickly. "Maybe we can help you find it. Come on, let's go to the stream and see if we can find your nut."

Together they went to the stream and began to search. After some time, Tim found the nut wedged between some rocks. Milo jumped with joy.

"Thank you, Luna and Tim! You've made me so happy!" Milo exclaimed.

Luna smiled and looked at Tim. "See, Tim? Helping others makes us happy too."

Tim nodded. "Yes, happiness grows when we share it with others."

After helping Milo, they continued their journey and found a clearing in the forest where the sun shone brightly. They decided to have a little party with their friends. They gathered berries and nuts and made a big forest picnic.

Their friends – the deer Runa, the squirrel Sille, and the bird Pip – joined them, and they all shared food and stories. Laughter filled the clearing, and everyone felt a deep joy in being together.

Tim, always thoughtful, said, "Happiness is not something we can hold onto alone. It is something that grows when we share it with our friends and those we love."

Luna nodded in agreement. "And sometimes it's the smallest actions, like finding a nut or sharing a meal, that bring the greatest happiness."

As the sun began to set and the forest floor was covered in soft shadows, Luna felt a warmth that only true friendships can bring. She looked around at her friends and realized that happiness truly existed in the simple yet precious moments they shared together.

# Den Lille Bæver og Livets Store Spørgsmål

I en skov fuld af hemmeligheder, ved kanten af en rislende flod, boede en lille bæver ved navn Benny. Benny var en ivrig lille skabning med store fortænder og et endnu større hjerte. Han elskede at bygge dæmninger og udforske skovens dybeste kroge, men mest af alt elskede han at stille spørgsmål om livet.

En tidlig morgen, da solens første stråler brød gennem træernes tætte løv, vågnede Benny med et spørgsmål i tankerne. Han kiggede på sin mor, der var ved at reparere deres dæmning, og spurgte: "Mor, hvad er meningen med livet?"

Hans mor, en klog og erfaren bæver, smilede og sagde: "Det er et stort spørgsmål, Benny. Måske kan du finde svaret ved at tale med vores naboer i skoven."

Med den opfordring begav Benny sig ud på en rejse gennem skoven. Han mødte først uglefru Ulla, som sad højt oppe i et træ og spejdede ud over skoven.

"Godmorgen, fru Ulla," kaldte Benny. "Kan du fortælle mig, hvad meningen med livet er?"

Fru Ulla blinkede langsomt med sine store, vise øjne og sagde: "For mig er meningen med livet at lære og dele min viden med andre. Hver dag lærer jeg noget nyt og videregiver det til mine børn og venner."

Benny takkede fru Ulla og fortsatte sin rejse. Snart stødte han på ræven Felix, der listede gennem skovbunden.

"Hej, Felix," sagde Benny. "Hvad tror du, meningen med livet er?"

Felix tænkte sig om et øjeblik og svarede: "For mig er meningen med livet at beskytte dem, jeg elsker, og sikre, at vi alle har nok at spise. Jeg jager for at føde min familie og sørger for, at vi har et trygt sted at bo."

Benny nikkede og tænkte over Felix' svar, mens han fortsatte sin vandring. Ved flodbredden mødte han frøen Frits, der sad på en liljeblad og kvækkede glade melodier.

"Hej, Frits," kaldte Benny. "Hvad mener du, meningen med livet er?"

Frits kvækkede og smilede bredt. "For mig er meningen med livet at synge og nyde hver dag. Jeg elsker at kvække og hoppe fra blad til blad, og det gør mig lykkelig."

Benny lo og takkede Frits for hans svar. Han begyndte at forstå, at meningen med livet kunne være forskellig for hver skabning. Mens han gik videre, tænkte han over, hvad han selv elskede mest ved livet.

Han nåede til sidst til en åben lysning, hvor solen skinnede klart. Her fandt han sine venner, kaninen Kalle, egernet Signe og fuglen Flora, der alle var samlet omkring en stor, gammel eg.

"Hej alle sammen," sagde Benny glad. "Jeg har stillet et spørgsmål til mange af vores naboer i dag, og nu vil jeg gerne høre jeres svar. Hvad tror I, meningen med livet er?"

Kalle, som altid var fuld af energi, svarede først: "For mig er meningen med livet at løbe og lege. Jeg elsker at hoppe gennem skoven og nyde friheden."

Signe nikkede og tilføjede: "Jeg tror, at meningen med livet er at samle og dele. Jeg samler nødder og frø for at dele med min familie og venner."

Flora, der sad på en gren ovenfor, kvidrede: "For mig er meningen med livet at flyve og synge. Jeg elsker at mærke vinden under mine vinger og dele min sang med verden."

Benny lyttede til sine venners svar og følte en dyb glæde ved deres forskellige synspunkter. Han begyndte at forstå, at meningen med livet ikke var et enkelt svar, men en samling af alle de ting, der gjorde hver dag speciel.

Mens solen begyndte at gå ned, vendte Benny tilbage til sin egen dæmning. Hans mor ventede på ham med et varmt smil.

"Nå, Benny," sagde hun. "Har du fundet svar på dit spørgsmål?"

Benny nikkede og sagde: "Ja, mor. Jeg har lært, at meningen med livet er forskellig for hver skabning. For fru Ulla er det at lære og undervise, for Felix er det at beskytte, for Frits er det at synge og nyde hver dag. Og for mig er det at bygge og være sammen med mine venner og familie."

Hans mor smilede og nikkede. "Det er en smuk opdagelse, Benny. Livet er fuldt af forskellige meninger og skønheder, og det vigtigste er at finde glæde i hver dag."

Benny krammede sin mor og følte en dyb ro i sit hjerte. Han vidste nu, at meningen med livet ikke var noget, man kunne finde i en enkelt sætning, men i de mange små øjeblikke af glæde og kærlighed, man delte med andre.

Fra den dag af fortsatte Benny med at bygge sine dæmninger og udforske skoven med en ny forståelse. Han stillede stadig spørgsmål, men han vidste, at svarene ofte lå i de øjeblikke, han delte med sine venner og familie. Og hver dag fandt han nye måder at finde lykke på, lige der i skovbunden ved den rislende flod.

# The Little Beaver and Life's Big Questions

In a forest full of secrets, by the edge of a babbling river, lived a little beaver named Benny. Benny was an eager little creature with big teeth and an even bigger heart. He loved building dams and exploring the deepest corners of the forest, but most of all, he loved asking questions about life.

One early morning, as the first rays of the sun broke through the dense foliage of the trees, Benny woke up with a question on his mind. He looked at his mother, who was repairing their dam, and asked, "Mom, what is the meaning of life?"

His mother, a wise and experienced beaver, smiled and said, "That is a big question, Benny. Maybe you can find the answer by talking to our neighbors in the forest."

With that encouragement, Benny set out on a journey through the forest. He first met Mrs. Ulla the Owl, who sat high up in a tree, gazing over the forest.

"Good morning, Mrs. Ulla," Benny called. "Can you tell me what the meaning of life is?"

Mrs. Ulla blinked slowly with her large, wise eyes and said, "For me, the meaning of life is to learn and share my knowledge with others. Every day I learn something new and pass it on to my children and friends."

Benny thanked Mrs. Ulla and continued his journey. Soon he came across Felix the Fox, who was sneaking through the forest floor.

"Hi, Felix," said Benny. "What do you think the meaning of life is?"

Felix thought for a moment and replied, "For me, the meaning of life is to protect those I love and ensure we all have enough to eat. I hunt to feed my family and make sure we have a safe place to live."

Benny nodded and pondered Felix's answer as he continued his walk. By the riverbank, he met Frits the Frog, who was sitting on a lily pad, croaking happy melodies.

"Hi, Frits," Benny called. "What do you think the meaning of life is?"

Frits croaked and smiled broadly. "For me, the meaning of life is to sing and enjoy each day. I love to croak and hop from pad to pad, and it makes me happy."

Benny laughed and thanked Frits for his answer. He began to understand that the meaning of life could be different for every creature. As he walked further, he thought about what he loved most about life.

He finally reached an open clearing where the sun shone brightly. Here he found his friends, Kalle the Rabbit, Signe the Squirrel, and Flora the Bird, all gathered around a large, old oak tree.

"Hi, everyone," Benny said happily. "I've been asking our neighbors a question today, and now I'd like to hear your answers. What do you think the meaning of life is?"

Kalle, always full of energy, answered first: "For me, the meaning of life is to run and play. I love hopping through the forest and enjoying the freedom."

Signe nodded and added, "I think the meaning of life is to gather and share. I collect nuts and seeds to share with my family and friends."

Flora, perched on a branch above, chirped: "For me, the meaning of life is to fly and sing. I love feeling the wind under my wings and sharing my song with the world."

Benny listened to his friends' answers and felt a deep joy in their different perspectives. He began to understand that the meaning of life was not a single answer, but a collection of all the things that made each day special.

As the sun began to set, Benny returned to his own dam. His mother was waiting for him with a warm smile.

"Well, Benny," she said. "Did you find an answer to your question?"

Benny nodded and said, "Yes, Mom. I learned that the meaning of life is different for every creature. For Mrs. Ulla, it is to learn and teach, for Felix, it is to protect, for Frits, it is to sing and enjoy each day. And for me, it is to build and be with my friends and family."

His mother smiled and nodded. "That is a beautiful discovery, Benny. Life is full of different meanings and beauties, and the most important thing is to find joy in each day."

Benny hugged his mother and felt a deep peace in his heart. He now knew that the meaning of life was not something that could be found in a single sentence, but in the many small moments of joy and love shared with others.

From that day on, Benny continued to build his dams and explore the forest with a new understanding. He still asked questions, but he knew that the answers often lay in the moments he shared with his friends and family. And every day, he found new ways to find happiness, right there on the forest floor by the babbling river.

# Den Lille Mus og Det Store Hjerte

———

I en stille, grøn skov boede en lille mus ved navn Mikkel. Mikkel var en lille, grå mus med store øjne og et nysgerrigt sind. Han elskede at udforske skovens mange hemmeligheder og lære nye ting hver dag. Men mest af alt elskede han at hjælpe sine venner.

En tidlig morgen, da solen lige var begyndt at stige op og male himlen i smukke nuancer af lyserød og guld, vågnede Mikkel med en følelse af, at denne dag ville bringe noget særligt. Han besluttede sig for at tage på eventyr og se, hvad han kunne opdage.

På sin vej gennem skoven mødte han sin gode veninde, egernet Signe, som var travlt optaget af at samle nødder til vinteren.

"Hej, Signe!" kaldte Mikkel muntert. "Hvordan går det med nødderne?"

Signe kiggede op og smilede. "Hej, Mikkel! Jeg har travlt, men jeg elsker at samle nødder. Hvad med dig? Hvad laver du i dag?"

"Jeg ved det ikke endnu," svarede Mikkel. "Jeg tænkte bare, at jeg ville gå på eventyr og se, hvad dagen bringer."

Signe lo. "Det lyder som en dejlig plan. Pas på dig selv, og kom forbi senere, hvis du har tid."

Mikkel vinkede farvel og fortsatte sin vandring gennem skoven. Snart mødte han den gamle skildpadde, Tim, som langsomt bevægede sig mod sin yndlingsplet ved floden.

"Godmorgen, Tim," sagde Mikkel venligt. "Hvordan har du det i dag?"

Tim løftede sit hoved og smilede langsomt. "Godmorgen, Mikkel. Jeg har det godt. Jeg nyder bare dagen og tager det stille og roligt."

Mikkel nikkede. "Det lyder dejligt, Tim. Jeg håber, du får en vidunderlig dag."

Mens Mikkel fortsatte sin rejse, tænkte han på, hvad der virkelig gjorde ham lykkelig. Han indså, at det var de små øjeblikke af venlighed og hjælpsomhed, der virkelig betød noget for ham.

Pludselig hørte han en svag gråd. Mikkel fulgte lyden og fandt en lille fugl, Flora, som sad på jorden med et skadet vinge.

"Flora! Hvad er der sket?" spurgte Mikkel bekymret.

Flora kiggede op med tårer i øjnene. "Jeg faldt ned fra et træ og skadede min vinge. Jeg kan ikke flyve."

Mikkel tænkte hurtigt. "Vent her, Flora. Jeg henter hjælp."

Han løb så hurtigt han kunne til sin ven, den kloge ugle, fru Ulla. "Fru Ulla! Flora har brug for hjælp. Hun har skadet sin vinge."

Fru Ulla spredte sine store vinger og fløj straks med Mikkel tilbage til Flora. Da de nåede frem, undersøgte fru Ulla nøje Floras vinge.

"Det ser ikke for alvorligt ud," sagde hun beroligende. "Men hun har brug for hvile og omsorg. Jeg vil tage hende til mit træ og passe på hende."

Mikkel var lettet. "Tak, fru Ulla. Jeg er glad for, at du kan hjælpe."

Fru Ulla nikkede og løftede forsigtigt Flora med sine stærke kløer. "Mikkel, du har et stort hjerte. At hjælpe andre er en stor gave."

Mikkel rødmede lidt og sagde farvel til Flora og fru Ulla. Han fortsatte sin vandring, følte sig gladere og lettere i hjertet.

Mens han gik, tænkte han over, hvad fru Ulla havde sagt. Han vidste nu, at selvom han var lille, kunne han stadig gøre en stor forskel i andre dyrs liv ved at være venlig og hjælpsom.

På sin vej mødte han ræven Felix, som så ud til at være i dårligt humør. "Hej, Felix," sagde Mikkel. "Er du okay?"

Felix sukkede. "Jeg kan ikke finde noget mad i dag, og jeg er bekymret for min familie."

Mikkel tænkte et øjeblik og så en kurv med bær, som han havde samlet tidligere på dagen. "Tag disse bær, Felix. Det er ikke meget, men det vil måske hjælpe."

Felix så overrasket på Mikkel og tog imod kurven. "Tak, Mikkel. Du er virkelig venlig."

"Det var så lidt," svarede Mikkel. "Vi skal alle hjælpe hinanden."

Da solen begyndte at gå ned, vendte Mikkel tilbage til sin hule. Han tænkte på alle de små øjeblikke, hvor han havde hjulpet sine venner i dag, og hvordan de havde fået ham til at føle sig glad og tilfreds.

Hans mor ventede på ham med et varmt smil. "Hvordan har din dag været, Mikkel?" spurgte hun.

Mikkel smilede og svarede: "Det har været en vidunderlig dag, mor. Jeg har lært, at selvom jeg er lille, kan jeg gøre en stor forskel ved at være venlig og hjælpsom."

Hans mor nikkede og sagde: "Det er en vigtig lektion, Mikkel. Venlighed og hjælpsomhed kan lyse verden op på måder, vi ikke altid kan se."

Mikkel gik i seng den aften med en følelse af ro og lykke i sit hjerte. Han vidste, at han altid ville finde glæde i at hjælpe andre og gøre skoven til et bedre sted.

Fra den dag af fortsatte Mikkel med at udforske skoven og finde nye måder at hjælpe sine venner på. Han vidste, at selv de mindste handlinger kunne bringe stor lykke, og at hans store hjerte ville lede ham til mange flere vidunderlige eventyr.

# The Little Mouse and the Big Heart

———

In a quiet, green forest lived a little mouse named Mikkel. Mikkel was a small, gray mouse with big eyes and a curious mind. He loved exploring the forest's many secrets and learning new things every day. But most of all, he loved helping his friends.

One early morning, as the sun was just beginning to rise and paint the sky in beautiful shades of pink and gold, Mikkel woke up with a feeling that today would bring something special. He decided to go on an adventure and see what he could discover.

On his way through the forest, he met his good friend, the squirrel Signe, who was busily gathering nuts for the winter.

"Hi, Signe!" Mikkel called cheerfully. "How are the nuts coming along?"

Signe looked up and smiled. "Hi, Mikkel! I'm busy, but I love gathering nuts. What about you? What are you up to today?"

"I don't know yet," Mikkel replied. "I just thought I would go on an adventure and see what the day brings."

Signe laughed. "That sounds like a lovely plan. Take care of yourself and stop by later if you have time."

Mikkel waved goodbye and continued his walk through the forest. Soon, he met the old turtle, Tim, who was slowly making his way to his favorite spot by the river.

"Good morning, Tim," Mikkel said kindly. "How are you today?"

Tim lifted his head and smiled slowly. "Good morning, Mikkel. I'm well. I'm just enjoying the day and taking it easy."

Mikkel nodded. "That sounds wonderful, Tim. I hope you have a great day."

As Mikkel continued his journey, he thought about what truly made him happy. He realized that it was the small moments of kindness and helping others that really mattered to him.

Suddenly, he heard a faint cry. Mikkel followed the sound and found a little bird, Flora, sitting on the ground with an injured wing.

"Flora! What happened?" Mikkel asked worriedly.

Flora looked up with tears in her eyes. "I fell from a tree and hurt my wing. I can't fly."

Mikkel thought quickly. "Wait here, Flora. I'll get help."

He ran as fast as he could to his friend, the wise owl, Mrs. Ulla. "Mrs. Ulla! Flora needs help. She hurt her wing."

Mrs. Ulla spread her large wings and immediately flew back with Mikkel to Flora. When they arrived, Mrs. Ulla carefully examined Flora's wing.

"It doesn't look too serious," she said reassuringly. "But she needs rest and care. I'll take her to my tree and look after her."

Mikkel was relieved. "Thank you, Mrs. Ulla. I'm glad you can help."

Mrs. Ulla nodded and gently lifted Flora with her strong claws. "Mikkel, you have a big heart. Helping others is a great gift."

Mikkel blushed a little and said goodbye to Flora and Mrs. Ulla. He continued his walk, feeling happier and lighter in his heart.

As he walked, he thought about what Mrs. Ulla had said. He now knew that even though he was small, he could still make a big difference in the lives of other animals by being kind and helpful.

On his way, he met Felix the Fox, who seemed to be in a bad mood. "Hi, Felix," Mikkel said. "Are you okay?"

Felix sighed. "I can't find any food today, and I'm worried about my family."

Mikkel thought for a moment and saw a basket of berries he had collected earlier in the day. "Take these berries, Felix. It's not much, but it might help."

Felix looked surprised at Mikkel and accepted the basket. "Thank you, Mikkel. You are really kind."

"It was nothing," Mikkel replied. "We all need to help each other."

As the sun began to set, Mikkel returned to his burrow. He thought about all the small moments where he had helped his friends today, and how they had made him feel happy and content.

His mother was waiting for him with a warm smile. "How was your day, Mikkel?" she asked.

Mikkel smiled and replied, "It was a wonderful day, Mom. I learned that even though I'm small, I can make a big difference by being kind and helpful."

His mother nodded and said, "That's an important lesson, Mikkel. Kindness and helpfulness can light up the world in ways we can't always see."

Mikkel went to bed that night with a feeling of peace and happiness in his heart. He knew that he would always find joy in helping others and making the forest a better place.

From that day on, Mikkel continued to explore the forest and find new ways to help his friends. He knew that even the smallest actions could bring great happiness, and that his big heart would lead him to many more wonderful adventures.

# Lille Lise og Modets Sti

———

I en frodig skov, hvor træernes kroner strakte sig mod himlen, boede en lille hare ved navn Lise. Lise var kendt for sine lange, bløde ører og sine livlige, hoppebevægelser. Men Lise havde en hemmelighed. Hun var meget bange for mørket. Hver aften, når solen gik ned og skoven blev til et sted af skygger og underlige lyde, krybede Lise sammen i sin lille hule og håbede, at natten hurtigt ville gå over.

En solrig morgen besluttede Lise, at hun ville overvinde sin frygt. Hun hørte ofte historier om modige dyr, der konfronterede deres frygt og kom stærkere ud på den anden side. "Jeg vil også være modig," tænkte Lise for sig selv. "Jeg vil finde ud af, hvordan jeg kan blive lige så modig som de store helte i historierne."

Lise besluttede at besøge sin vise ven, uglen Ulla, som boede højt oppe i et gammelt egetræ. Ulla havde set mange vintre og somre, og hendes øjne bar visdommens glans.

"Godmorgen, Ulla," kaldte Lise, mens hun kiggede op mod den store ugle.

"Godmorgen, Lise," svarede Ulla med sin rolige stemme. "Hvad bringer dig her til mig i dag?"

Lise sukkede dybt og sagde: "Jeg vil gerne være modig, Ulla. Jeg er så bange for mørket, og jeg ved ikke, hvordan jeg skal overvinde min frygt."

Ulla tænkte sig om et øjeblik og sagde så: "Mod er ikke fraværet af frygt, men evnen til at handle på trods af den. Måske skal du gå på en rejse for at finde dit eget mod. Hver rejse begynder med det første skridt."

Lise nikkede og besluttede at følge Ullas råd. Hun pakkede nogle gulerødder og en lille flaske vand i sin rygsæk og begav sig ud på sin rejse gennem skoven.

På sin vej mødte Lise sin ven, den lille mus Max, som altid var fuld af energi og nysgerrighed.

"Hej, Lise! Hvor er du på vej hen?" spurgte Max ivrigt.

"Jeg er på vej for at finde mit mod," svarede Lise bestemt. "Jeg vil lære at være modig, selv når jeg er bange."

Max nikkede og sagde: "Jeg har hørt om et sted dybt inde i skoven, hvor et gammelt egetræ står. Det siges, at det træ kan vise dig vej til dit mod. Jeg vil gerne tage med dig, hvis det er okay."

Lise smilede og var glad for at have selskab på sin rejse. Sammen gik de videre gennem skoven, og snart stødte de på en bred flod. Vandet var dybt og strømmen stærk, og Lise følte sin frygt vokse indeni.

"Hvordan skal vi krydse floden?" spurgte Lise, mens hun kiggede på den brusende strøm.

Max så sig omkring og sagde: "Måske kan vi bygge en lille tømmerflåde af de grene, vi finder her omkring."

Med fornyet beslutsomhed begyndte de to venner at samle grene og binde dem sammen med vinstokke. Det tog tid, men til sidst havde de bygget en lille tømmerflåde. De skubbede den ud i vandet og steg forsigtigt ombord.

Mens de sejlede over floden, mærkede Lise sin frygt langsomt aftage. "Jeg gjorde det," tænkte hun. "Jeg er på vej."

Efter at have krydset floden fortsatte de deres rejse, og snart fandt de det gamle egetræ, som Max havde talt om. Træet var enormt og havde dybe, visdomsfulde rødder, der strakte sig langt ud i jorden.

Lise gik hen til træet og lagde forsigtigt sin hånd på barken. "Hvad skal jeg gøre for at finde mit mod?" spurgte hun stille.

En mild stemme hviskede i vinden: "Mod findes i de små handlinger. Det er i at stå op for det, du tror på, selv når du er bange. Det er i at hjælpe andre, selv når du ikke ved, hvordan. Mod er i dit hjerte, Lise. Du har allerede vist det ved at tage denne rejse."

Lise følte en varme sprede sig i hendes bryst. Hun vidste nu, at mod ikke var noget, man fandt udenfor sig selv, men noget, der voksede indeni gennem handling og beslutning.

Max så på Lise og smilede. "Du er modig, Lise. Du har allerede overvundet så mange af dine frygt på denne rejse."

Lise smilede tilbage og sagde: "Tak, Max. Jeg tror, jeg forstår nu. Mod er ikke at være uden frygt, men at handle på trods af det."

De to venner vendte tilbage gennem skoven, og denne gang følte Lise sig stærkere og mere sikker. Da natten faldt på, og mørket omgav dem, var Lise ikke længere bange. Hun vidste nu, at hun havde modet til at møde hvad som helst.

Da de nåede tilbage til deres hjem, takkede Lise Max for hans selskab og støtte. "Jeg kunne ikke have gjort det uden dig," sagde hun.

Max nikkede og svarede: "Vi er stærkere sammen. Husk det altid."

Lise gik ind i sin hule og følte en dyb ro. Hun vidste, at hun kunne overvinde sin frygt og finde modet i de små handlinger hver dag. Hun lukkede sine øjne og sov trygt, vel vidende at hun var en modig lille hare.

# Little Lise and the Path of Courage

In a lush forest, where the treetops reached towards the sky, lived a little hare named Lise. Lise was known for her long, soft ears and her lively hopping movements. But Lise had a secret. She was very afraid of the dark. Every evening, when the sun went down and the forest turned into a place of shadows and strange sounds, Lise would curl up in her little burrow and hope that the night would pass quickly.

One sunny morning, Lise decided that she wanted to overcome her fear. She often heard stories about brave animals who faced their fears and came out stronger on the other side. "I want to be brave too," Lise thought to herself. "I want to find out how I can be as brave as the great heroes in the stories."

Lise decided to visit her wise friend, the owl Ulla, who lived high up in an old oak tree. Ulla had seen many winters and summers, and her eyes bore the glint of wisdom.

"Good morning, Ulla," called Lise, looking up at the big owl.

"Good morning, Lise," Ulla replied in her calm voice. "What brings you to me today?"

Lise sighed deeply and said, "I want to be brave, Ulla. I'm so afraid of the dark, and I don't know how to overcome my fear."

Ulla thought for a moment and then said, "Courage is not the absence of fear, but the ability to act despite it. Maybe you need to go on a journey to find your own courage. Every journey begins with the first step."

Lise nodded and decided to follow Ulla's advice. She packed some carrots and a small bottle of water in her backpack and set out on her journey through the forest.

On her way, Lise met her friend, the little mouse Max, who was always full of energy and curiosity.

"Hi, Lise! Where are you going?" Max asked eagerly.

"I'm on my way to find my courage," Lise replied determinedly. "I want to learn to be brave, even when I'm scared."

Max nodded and said, "I've heard of a place deep in the forest where an old oak tree stands. It's said that this tree can show you the way to your courage. I'd like to come with you if that's okay."

Lise smiled and was happy to have company on her journey. Together, they continued through the forest and soon came upon a wide river. The water was deep and the current strong, and Lise felt her fear growing inside her.

"How are we going to cross the river?" Lise asked, looking at the rushing current.

Max looked around and said, "Maybe we can build a small raft from the branches we find around here."

With renewed determination, the two friends began gathering branches and tying them together with vines. It took time, but eventually, they had built a small raft. They pushed it into the water and carefully climbed aboard.

As they sailed across the river, Lise felt her fear slowly dissipate. "I did it," she thought. "I am on my way."

After crossing the river, they continued their journey and soon found the old oak tree that Max had mentioned. The tree was enormous and had deep, wise roots that stretched far into the ground.

Lise walked up to the tree and gently placed her hand on the bark. "What should I do to find my courage?" she asked quietly.

A gentle voice whispered in the wind: "Courage is found in small actions. It is in standing up for what you believe in, even when you are scared. It is in helping others, even when you don't know how. Courage is in your heart, Lise. You have already shown it by taking this journey."

Lise felt a warmth spread in her chest. She now knew that courage was not something you found outside yourself, but something that grew inside through action and decision.

Max looked at Lise and smiled. "You are brave, Lise. You have already overcome so many of your fears on this journey."

Lise smiled back and said, "Thank you, Max. I think I understand now. Courage is not being without fear, but acting despite it."

The two friends returned through the forest, and this time Lise felt stronger and more confident. As night fell and darkness surrounded them, Lise was no longer afraid. She now knew that she had the courage to face anything.

When they reached their homes, Lise thanked Max for his company and support. "I couldn't have done it without you," she said.

Max nodded and replied, "We are stronger together. Always remember that."

Lise went into her burrow and felt a deep peace. She knew that she could overcome her fear and find courage in the small actions every day. She closed her eyes and slept soundly, knowing that she was a brave little hare.

# Milos Eventyr

En stille landsby, omgivet af høje træer og blomstrende enge, boede der en dreng ved navn Milo. Milo var en drømmer, med store, glitrende øjne og en fantasifuld sjæl. Han elskede at tegne og fortælle historier, og han havde altid sin trofaste kat, Luna, ved sin side.

En dag, mens Milo sad under sit yndlingstræ og tegnede, opdagede han noget mærkeligt. På et stykke papir, som vinden havde ført hen til ham, var der tegnet en mystisk skattekort. Milo kunne ikke modstå fristelsen og besluttede sig for at følge kortets anvisninger. Han pakkede en lille rygsæk med mad og vand og satte af sted med Luna.

Rejsen begyndte gennem den tætte skov, hvor solens stråler dansede mellem bladene. Milo og Luna mødte mange udfordringer på deres vej. De krydsede en rasende flod ved hjælp af en smal træstamme, og de fandt vej gennem en mørk hule fyldt med blinkende krystaller.

Efter mange timers vandring kom de til en lysning, hvor en gammel eg stod stolt midt i det hele. Ved foden af egen fandt Milo en lille æske, dækket af mos og blomster. Med bankende hjerte åbnede han æsken og fandt en smuk, glitrende sten.

Mens Milo beundrede stenen, dukkede en gammel mand op fra skyggerne. Han havde et langt, hvidt skæg og venlige øjne, der gnistrede som stjerner. "Goddag, Milo," sagde manden med en varm stemme. "Jeg er Vismanden fra Skoven. Denne sten er en gave, men dens sande værdi ligger i det, du har lært på din rejse."

Milo så spørgende på Vismanden. "Hvad mener du?"

Vismanden smilede og satte sig ved siden af Milo. "Denne sten er et symbol på venskab og mod. På din rejse har du vist både venlighed og styrke. Du har hjulpet Luna, og I har hjulpet hinanden gennem udfordringerne. Husk, at det største eventyr er det, vi deler med dem, vi holder af."

Milo tænkte over Vismandens ord og følte en dyb varme sprede sig i sit hjerte. Han indså, at skatten ikke kun var stenen, men også de minder og oplevelser, han havde delt med Luna. Han takkede Vismanden og besluttede at vende hjem med en ny forståelse af, hvad der virkelig betyder noget i livet.

På vej tilbage gennem skoven bemærkede Milo, hvordan Luna fulgte ham trofast, og han følte en stærk forbindelse til sin ven. Da de nåede landsbyen, blev Milo mødt af sine venner og familie, der havde været bekymrede for ham. Han delte sin historie og viste dem stenen, men forklarede også, hvad han havde lært om venskab og mod.

Og så levede Milo og Luna lykkeligt videre, altid klar til at opdage nye skatte i verden omkring dem.

# Milo's Adventure

In a quiet village, surrounded by tall trees and blooming meadows, lived a boy named Milo. Milo was a dreamer, with big, sparkling eyes and an imaginative soul. He loved to draw and tell stories, and he always had his faithful cat, Luna, by his side.

One day, while Milo was sitting under his favorite tree and drawing, he discovered something strange. On a piece of paper that the wind had blown to him, there was a mysterious treasure map drawn. Milo couldn't resist the temptation and decided to follow the map's instructions. He packed a small backpack with food and water and set off with Luna.

The journey began through the dense forest, where the sun's rays danced between the leaves. Milo and Luna faced many challenges on their way. They crossed a raging river using a narrow log, and they found their way through a dark cave filled with sparkling crystals.

After many hours of walking, they came to a clearing where an old oak tree stood proudly in the center. At the foot of the oak, Milo found a small box covered with moss and flowers. With a pounding heart, he opened the box and found a beautiful, glittering stone.

As Milo admired the stone, an old man appeared from the shadows. He had a long white beard and kind eyes that twinkled like stars. "Good day, Milo," said the man in a warm voice. "I am the Wise Man of the Forest. This stone is a gift, but its true value lies in what you have learned on your journey."

Milo looked questioningly at the Wise Man. "What do you mean?"

The Wise Man smiled and sat down next to Milo. "This stone is a symbol of friendship and courage. On your journey, you have shown both kindness and strength. You have helped Luna, and you have helped each other through challenges. Remember that the greatest adventure is the one we share with those we care about."

Milo pondered the Wise Man's words and felt a deep warmth spread in his heart. He realized that the treasure was not just the stone but also the memories and experiences he had shared with Luna. He thanked the Wise Man and decided to return home with a new understanding of what truly matters in life.

On the way back through the forest, Milo noticed how Luna faithfully followed him, and he felt a strong connection to his friend. When they reached the village, Milo was greeted by his friends and family who had been worried about him. He shared his story and showed them the stone, but also explained what he had learned about friendship and courage.

And so, Milo and Luna lived happily ever after, always ready to discover new treasures in the world around them.